Anne-Katrin Hager

LES AIDES DU CAVALIER

Comment bien les employer

De Vecchi

Sommaire

Édition anglaise © 2004 Cadmos
Édition allemande originale © 2003 Cadmos Verlag GmbH, Brunsbek
Conception et mise en pages : Ravenstein, Verden
Photos de couverture : © Leon Forado/Fotolia, © Raymond Gehman/Getty Images, © David Sacks/Getty Images, © Charlie Drevstam/Getty Images, © George Doyle/Getty Images, © Microzoa/Getty Images

© 2007 pour l'édition française
Éditions De Vecchi S.A.
52, rue Montmartre
75002 Paris

Traduit de l'anglais : Sylvie Martel
PAO : Belle Page

Achevé d'imprimer en mars 2007 à Luçon, France, sur les presses de Pollina - n°L43044A
Dépôt légal : mars 2007

N° d'éditeur : 9928

Quelle sorte de créature est le cheval ?

Monter est un moyen singulier de communiquer avec votre cheval : vous lui précisez ce qu'il doit faire, et si tout se déroule normalement, il s'exécute. En outre, personne ne doit pouvoir visualiser vos gestes.

> **Remarque**
>
> *Le cheval est un animal grégaire originaire des plaines et doté d'un instinct de fuite.*

Cela implique une grande précision dans l'emploi des aides et équivaut à une bonne technique équestre.

Pour être juste avec un tel animal, on doit lui octroyer des moments de liberté. Montez-le et mettez-le au pré aussi souvent que possible. Les chevaux d'aujourd'hui expriment leur instinct de fuite à différents niveaux d'intensité. Quoi qu'il en soit, il n'est pas bien de punir un cheval qui est facilement impressionné ou qui saisit chaque occasion de décamper. Vous devez en fait agir à l'inverse. La seule ligne de conduite que doit suivre le cavalier est d'établir la confiance entre lui et son cheval.

Si vous voulez conquérir un cheval de troupeau, vous devez prendre le rôle du meneur. Cela veut dire que vous devez gagner le respect du cheval quelle que soit la situation. Votre cheval devient agressif quand vous le sellez, nerveux quand vous le pansez ou vous bouscule quand vous le menez en main ? Tout cela cessera à partir du moment où vous serez considéré comme le meneur du troupeau. Des ordres clairs comme « En place », « Arrêter » ou « Oh la » soutenus par des signaux précis aideront à vous faire obéir.

> **Remarque**
>
> *Même si vous adorez votre cheval, évitez de le traiter comme un être humain. Un cheval est un cheval et pense et réagit comme tel.*

Pour que votre cheval vous comprenne, vous devez utiliser les aides sur des zones réceptives :

- La bouche, pour les aides des rênes ou des mains. Ces aides jouent sur la nuque, l'encolure et le dos jusqu'à l'arrière-main.
- Chaque côté de l'encolure et le garrot, pour récompenser, rassurer et gratter.
- Le dos, pour les aides de l'assiette et du poids du cavalier.
- Les flancs, pour les aides des jambes.

Les zones réceptives du cheval

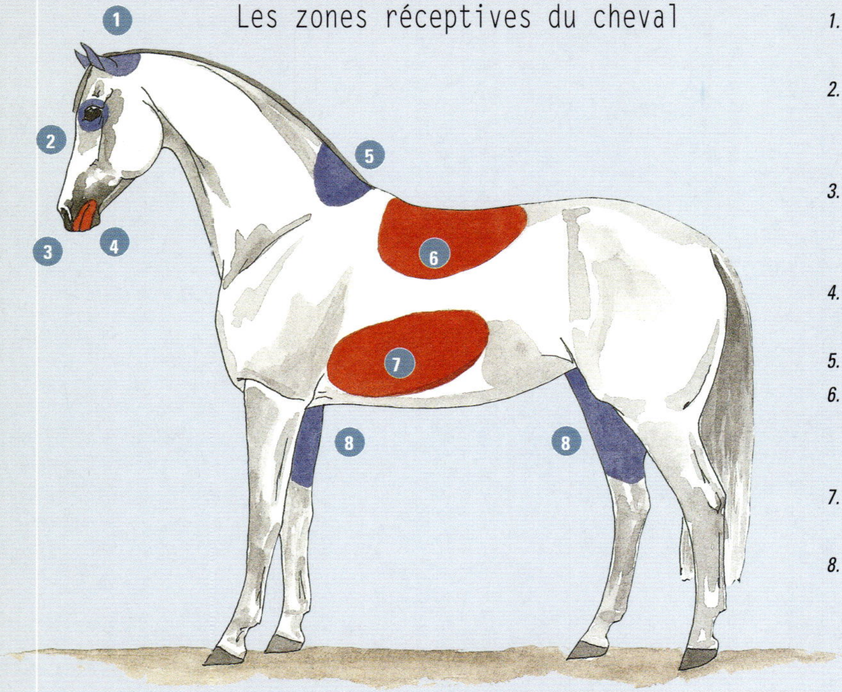

1. Elles entendent tout ! mais surtout les félicitations et les mots rassurants.
2. Ils ne voient pas très net, mais distinguent bien la lumière, les ombres et les mouvements (spécialement ceux des monstres).
3. Distingue une bonne plante d'une mauvaise et indique « je t'apprécie » ou « je ne t'apprécie pas ».
4. Elle est très sensible et ne doit pas être maltraitée par des mains brutales !
5. La partie préférée, pour féliciter et gratter.
6. Les nombreux nerfs et muscles ici perçoivent la répartition du poids du cavalier.
7. Le cheval est ici sensible aux actions des jambes.
8. La peau est ici très fine. Il faut la brosser afin de ne laisser sécher aucune trace de sueur ou de sable.

Les aides de l'assiette et des jambes sont essentielles en équitation. L'action de ces aides doit circuler tout le long du cheval de l'arrière à l'avant, depuis l'arrière-main, sur le dos, le long de l'encolure jusqu'à la nuque pour finir dans la bouche. Il est possible d'allonger l'action des jambes à l'occasion en portant des éperons et de toucher gentiment les postérieurs avec une cravache de manière à rendre le cheval plus alerte. On utilise la voix pour calmer, féliciter et réprimander quand cela s'avère nécessaire. Toutes les indications données au cheval par l'emploi correct des aides naturelles et artificielles supposent que vous soyez dans une bonne position.

Remarque

Bien monter commence par le pansage, étant donné que la robe et la peau des chevaux sont très sensibles. Voyez ce qui se passe quand une mouche se pose sur un cheval.

La position en dressage

Il existe trois différentes positions : la position normale ou de dressage, la position en suspension ou en équilibre, et la position jockey. Nous n'étudierons pas cette dernière étant donné que seuls les jockeys ou les cavaliers de concours complet l'utilisent.

Remarque

Une position correcte est le fondement d'une bonne technique équestre, quelle que soit la discipline.

Si un cavalier est assis naturellement et de manière décontractée, on doit pouvoir tracer une verticale passant par l'oreille, l'épaule, la hanche et le talon.

Qu'est-ce qu'une position correcte ?

Dans la position de dressage, vous devez vous asseoir profondément dans la selle, en appui égal sur vos deux ischions et laisser tomber vos jambes naturellement. La plante du pied repose sur l'étrier. Le talon doit être la partie la plus basse du cavalier, avec le pied parallèle au cheval de manière que le mollet (et non pas le talon) s'appuie à plat contre le cheval. Si vous portez des éperons, vous êtes sûr d'être en position correcte quand ils sont dirigés vers l'arrière et le bas, et non en train de taper involontairement dans les flancs du cheval. Quand le talon est baissé et le mollet à plat contre le cheval, la cheville sera apte à absorber les chocs. Cela est vital.

Le buste doit être droit mais non raide et la tête être dressée, avec le regard dirigé au-delà des oreilles du cheval. Les épaules doivent être légèrement relevées vers l'arrière puis descendues. Les bras doivent pendre naturellement sur les côtés.

Fermez doucement le poing (pouce sur le dessus) et pliez le bras jusqu'à ce que les poignets soient à environ une largeur de main au-dessus du garrot. Cela vous donne la position correcte des bras et des mains.

Vu de derrière, la tête et le dos de la cavalière sont alignés avec le milieu de la croupe du cheval et sa queue.

Les positions incorrectes

La position enfourchée

Ici, le cavalier n'est pas assis profondément dans sa selle et ne répartit pas son poids sur les ischions. Il pèse en fait sur ses cuisses, portant son poids en avant de la verticale, ce qui le déséquilibre. Cette position est souvent due à des étriers trop longs ou à une selle dont le siège est trop en avant.

La position du fauteuil

Le cavalier est assis trop en arrière de la selle. Les genoux et les cuisses glissent en avant et les muscles fessiers sont crispés, entraînant le cavalier derrière la verticale. Cela donne peu de possibilités d'utiliser son assiette et le cavalier risque fort de perdre l'équilibre. Les causes sont en général des étriers trop courts ou une selle au siège trop en arrière.

Remarque

La bonne utilisation des aides demande une assiette équilibrée et détendue. Pour maintenir une position correcte, le cavalier ne doit jamais oublier sa souplesse.

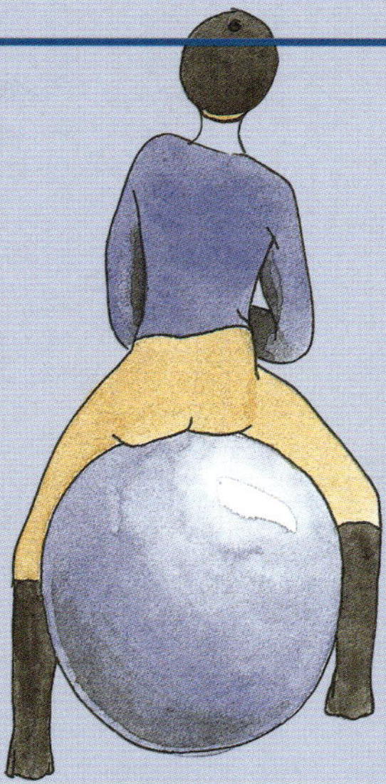

Le genou et le talon sont relevés : le cavalier a une assiette crispée, ce qui se traduit par des jambes trop serrées contre le cheval, ne permettant aucune aide claire des jambes ni aucune sensation.

La position courbée : le cavalier se plie au niveau d'une hanche et met plus de poids sur l'ischion opposé. En général, l'épaule située du côté où il y a le plus de poids tend à se relever tandis que l'autre tombe.

Le cavalier ne regarde pas dans la direction de la marche du cheval. Si le cavalier regarde droit devant alors que le cheval tourne (sur un cercle ou une volte), le cavalier a peu de chances de rester droit par l'intermédiaire des épaules. Le parallélisme entre la ligne des épaules du cavalier et celle des hanches du cheval est alors rompu. Au final, l'harmonie entre les deux en souffrira et le cheval risque de perdre son équilibre. Si vous regardez toujours en direction des oreilles du cheval, vous suivrez automatiquement la ligne correcte.

Poignets raides et mains tournées vers l'intérieur : tourner les mains vers l'intérieur est une erreur courante. Cette attitude fait que les pouces sont dirigés sur les côtés et non au-dessus des poings. Aucune aide précise ne peut alors être employée, puisqu'on ne peut que tirer sur les rênes - pauvre cheval. Même problème avec des poignets trop crispés et raides, ce qui aboutit à des mains dures.

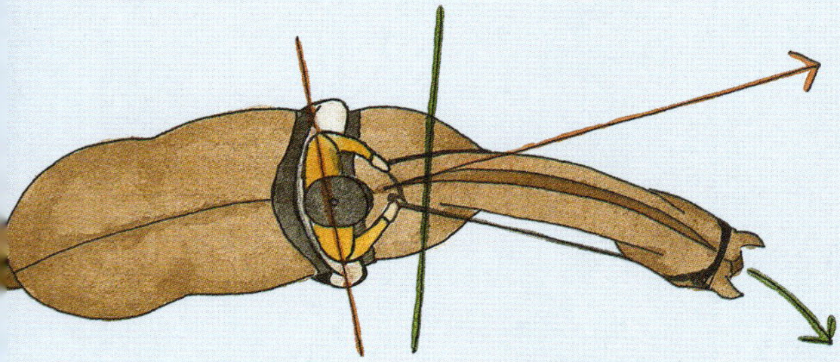

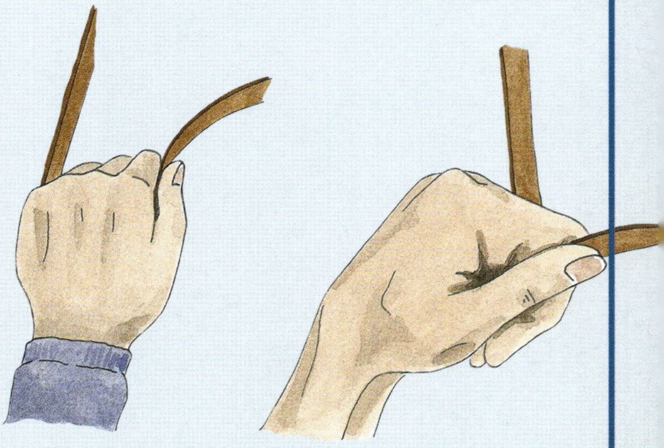

Les aides

Pour que le cheval comprenne clairement ce qu'on lui demande, le cavalier a à sa disposition ce que nous appelons les aides naturelles, qui sont :

1. L'assiette (ou les aides du poids), utilisée soit sur un côté, soit sur les deux côtés ou pas utilisée du tout.
2. Les jambes, qui peuvent être utilisées pour le mouvement en avant, les mouvements latéraux ou pour soutenir.
3. Les mains, qui peuvent donner, reprendre, tenir, bloquer, soutenir et diriger.

C'est seulement quand les aides sont en harmonie les unes avec les autres et qu'elles sont employées par un cavalier dont l'assiette est correcte, souple et équilibrée, que l'harmonie entre le cheval et le cavalier est possible à toutes les allures. En principe, les aides qui encouragent le mouvement en avant (assiette et jambes) sont plus importantes que les aides qui retiennent (rênes ou mains).

L'assiette

Quand les jambes sont utilisées simultanément et de chaque côté, elles doivent être placées le long de la sangle. Les deux ischions exercent une pression vers l'avant et le bas au niveau des genoux et des talons. Le buste reste droit et les abdominaux sont durcis. C'est ce que l'on appelle « préparer avec le dos ». Ce n'est pas une aide constante, mais plutôt ponctuelle. Raidir le dos est un message qui demande au cheval d'engager plus activement ses postérieurs. Si on emploie cette aide en donnant des rênes, le cheval devrait se mettre à trotter.

Une aide latérale de l'assiette est utilisée quand un cheval est tourné ou positionné vers l'intérieur, comme lors du galop où elle prépare le cheval à changer de direction.

Si, par exemple, vous voulez que le cheval tourne à droite, l'ischion droit doit être poussé en avant et vers le bas tandis que les hanches restent tendues. Vous devez toujours grandir le buste et non le laisser s'affaisser sur les hanches. Cette aide est aussi une condition préalable aux aides des jambes et des mains.

On utilise une assiette légère quand le dos et l'arrière-main du cheval doivent être libérés d'un certain poids, lui permettant ainsi de se déplacer plus librement. Le siège reste dans la selle mais le poids du cavalier se déplace plus sur les cuisses et les genoux, tandis que le buste est légèrement penché en avant. Cette aide est très utile pour le travail des jeunes chevaux, l'échauffement, le passage de pentes douces et pour les premiers essais de reculer.

Le cavalier doit déplacer son poids en direction de la bouche du cheval, soit en avant et vers le bas.

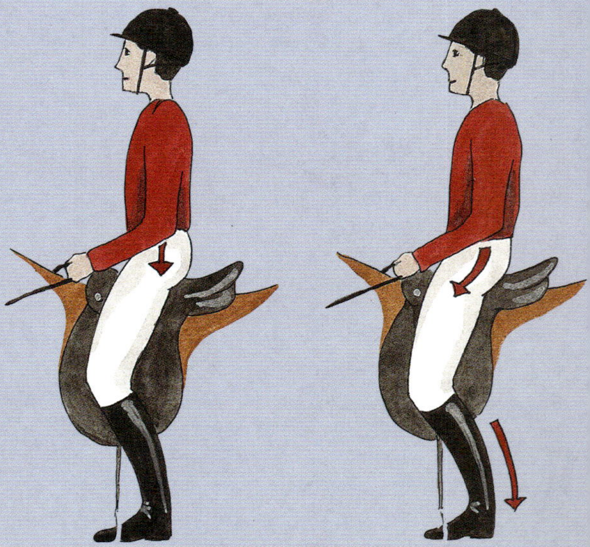

La jambe pour le mouvement en avant placée à la sangle.

La jambe pour les mouvements latéraux en avant, placée une largeur de main en arrière de la sangle.

Les jambes

L'aide de la jambe d'impulsion dirige le cheval en avant à toutes les allures. Pour cela, les jambes du cavalier sont positionnées légèrement en arrière de la sangle et effectuent de légères pressions des deux côtés.

On utilise l'aide de la jambe isolée qui dirige les mouvements latéraux en avant dont la cession à la jambe, pour laquelle le cavalier doit positionner sa jambe une largeur de main en arrière de la sangle. Les genoux et les talons ne doivent pas se relever. Cette aide encourage le déplacement du siège du cavalier du côté où elle est appliquée.

L'aide de la jambe isolée est utilisée en tant que soutien pour équilibrer le côté opposé à celui où on applique une jambe d'impulsion ou une jambe isolée dans les mouvements latéraux, et ce, en empêchant l'arrière-main de s'échapper. Comme toute jambe isolée, cette aide doit être positionnée une largeur de main en arrière de la sangle, mais n'est pas aussi active que celle décrite précédemment.

Les mains

Les mains ne doivent jamais être utilisées seules et servent uniquement sur le cheval au travail. Leur aide part de la bouche du cheval, passe par la nuque, circule le long de l'encolure jusqu'à l'arrière-main. Le cheval laisse les aides agir, en d'autres termes il accepte la main et se soumet aux aides.

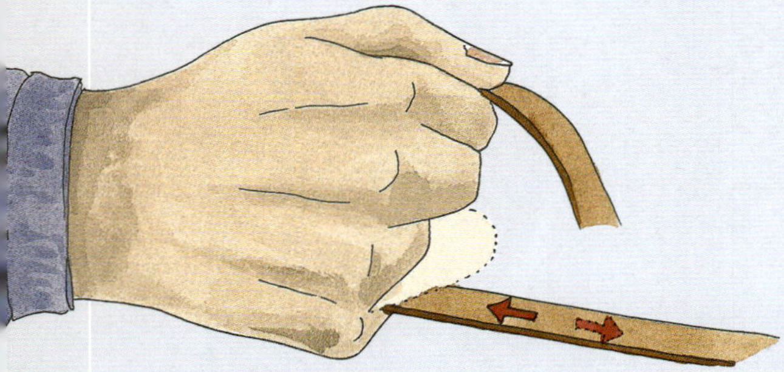

Des mains qui prennent et relâchent sont des petites stimulations exécutées sans tirer ni se cramponner.

Avec une main active (appelée à tort « qui prend »), la main se serre fermement ou est dirigée légèrement vers l'intérieur de manière à raccourcir un peu la rêne – dans les deux cas, cela doit être effectué ponctuellement. Il est impossible de réaliser ce geste les mains retournées ; tirer sur les rênes étant le plus gros péché.

Une main active doit toujours être accompagnée par une main cédante. Aussi, les mains reviennent dans leur position initiale avec des doigts détendus sur la rêne. Cela ne veut pas dire que le contact avec la bouche du cheval doit disparaître ; il doit toujours être présent même avec l'aide de la main régulatrice.

Les mains bloquantes sont utilisées quand le cheval résiste à la main ou vient au-dessus des rênes. Les mains sont dans leur position initiale, le dos se tend et les jambes donnent le mouvement en avant. La pression exercée doit être maintenue jusqu'à ce que le cheval cède, accepte le contact et devienne plus léger en main. Cet instant est très important, dans la mesure où les mains doivent immédiatement rendre et l'assiette se détendre afin de féliciter le cheval ! De cette manière, le cheval comprendra mieux ce qu'on attend de lui.

La rêne directe d'opposition est utilisée quand le cheval se déplace sur une courbe, sur un cercle par exemple. À main gauche, la rêne gauche est déplacée légèrement vers l'intérieur de manière à pouvoir apercevoir l'œil et le naseau gauche du cheval. À main droite, on fait bien entendu l'inverse. Une rêne directe d'opposition doit toujours être accompagnée par une rêne régulatrice qui contrôle l'incurvation. À main gauche, la rêne régulatrice doit donc être la droite. Ces aides sont toujours employées avec l'aide simultanée des jambes et du poids porté sur un des côtés. La jambe intérieure pousse donc vers la main extérieure. Et ensemble avec le poids du corps appuyant latéralement, cela crée une aide diagonale, qui est indispensable pour de nombreux exercices.

La rêne d'ouverture aidera particulièrement les jeunes chevaux à tourner dans une direction. Elle est aussi utile pour l'apprentissage des mouvements latéraux. Accompagnée par l'importante aide du poids du corps, la main s'éloigne de l'encolure du cheval pour se diriger légèrement vers la direction voulue. Une fois que le cheval a accepté cette aide, l'autre main doit rendre pour être en accord avec la main active.

Avec de longues rênes, le cheval allonge l'encolure vers l'avant et le bas. Le cavalier doit toujours garder un contact avec la bouche du cheval.

Rênes entièrement relâchées : la cavalière les tient simplement au niveau de l'attache. Il n'y a pas de contact avec la bouche du cheval et celui-ci a la tête et l'encolure baissées.

Remarque

Les mains ne doivent jamais être utilisées seules. Les mains seules ne peuvent pas faire fléchir la nuque du cheval. Un cheval sur la main est un cheval dont la mâchoire se relaxe et qui travaille en gardant un contact régulier et constant avec la main du cavalier.

Les aides artificielles

La voix est vitale pour gagner la confiance de votre cheval. La voix peut être utilisée pour calmer les jeunes chevaux, mais seulement si on s'en sert aussi dans l'écurie ou pendant le pansage. Si un jeune cheval n'est pas familiarisé avec la voix humaine, cette dernière sera un piètre secours en cas d'urgence. La voix peut aussi être utile pour encourager et discipliner. Quand un cheval est plus expérimenté, il doit être capable de travailler sans entendre le son de la voix. Cependant, on devrait toujours s'en servir pour les félicitations. Encore que dans certaines compétitions comme un concours de dressage, votre cheval doit être le seul à entendre votre voix !

Une cravache doit être utilisée pour attirer l'attention du cheval. En dressage, un effleurement des postérieurs peut augmenter l'impulsion.

Les coups de cravache ou les chatouillements incessants peuvent rendre un cheval rétif et anxieux, ou le rendre complètement insensible à la cravache. La cravache est généralement tenue par la main intérieure de manière à agir sur la jambe postérieure intérieure. À chaque changement de main, la cravache doit elle aussi être changée de main.

Une tape avec une cravache d'obstacle veut dire « Allez, avance ! ». Les cravaches d'obstacle ne doivent jamais être tenues le manche vers le bas, c'est-à-ire. à l'envers. C'est à la fois dangereux et non professionnel. Un stick de dressage ne doit pas dépasser 1,20 m et une cravache d'obstacle, 75 cm dans toute sa longueur.

Vous devez mériter vos éperons. Cela veut dire que seuls ceux qui montent avec des jambes fixes et une assiette indépendante peuvent en porter. Les éperons accentuent les aides des jambes et doivent être utilisés de manière précise et brève, et non donner constamment des coups dans les flancs. Cela ferait mal à votre cheval et pourrait le rendre insensible aux aides. La pointe des éperons doit toujours être façonnée de manière à ne pas blesser le cheval. Cette pointe ne doit pas dépasser 4,5 cm pour les chevaux, et 3,5 cm pour les poneys.

Toutes les aides ont à présent été abordées individuellement de manière théorique. La difficulté en équitation est que de nombreuses aides doivent être employées ensemble et au même moment. L'intensité avec laquelle il faut les appliquer dépend de la situation et de la personnalité du cheval. Cela demande au cavalier un certain tact et une bonne expérience qui ne s'acquièrent qu'avec le temps.

L'entraînement de base

Les arrêts et demi-arrêts

L'arrêt

Un cavalier doit apprendre l'arrêt très tôt de manière à être capable d'arrêter son cheval. L'arrêt est toujours demandé sur une ligne droite et peut être exécuté à partir de n'importe quelle allure, bien qu'au début il doive être effectué seulement à partir du pas et du trot. Un demi-arrêt puissant entraîne toujours un arrêt ! Une assiette et des jambes plus actives poussent le cheval tandis que les mains se bloquent puis rendent en douceur juste avant que le cheval ne s'arrête. Les chevaux utilisent leur encolure comme un balancier afin de venir dans un arrêt calme et carré. Le fait d'avancer et de reculer, de ne pas se tenir au

Voici comment les aides doivent agir pour l'arrêt.

Un demi-arrêt n'est pas un mouvement fini mais intervient en phase avec le mouvement. On l'emploie :

- Pour passer d'une allure à une autre.
- Pour régulariser une allure.
- Pour préparer le cheval à certains changements (d'allure, de mouvement, etc.).
- Pour prendre, garder ou améliorer le contact puis rassembler le cheval.
- Et surtout pour monter correctement.

Ici, le cavalier tire simplement sur les rênes - par pitié, n'essayez pas d'arrêter votre cheval de cette manière.

carré ou de bouger la tête, sont des fautes considérées comme majeures – la dernière indiquant des mains trop brusques.

Le demi-arrêt

Le demi-arrêt est plus important mais surtout plus difficile à effectuer. Toutes les aides (jambes, assiette et mains) sont utilisées en même temps. Le cavalier met plus de poids dans son assiette, grandit le dos, ferme les jambes et empêche le cheval de partir en avant en serrant les doigts. En fait, il pousse le cheval dans son ensemble de l'arrière vers l'avant et poursuit immédiatement son action avec une main qui cède.

Le demi-arrêt est une brève action donnée simultanément par les jambes, l'assiette et les mains.

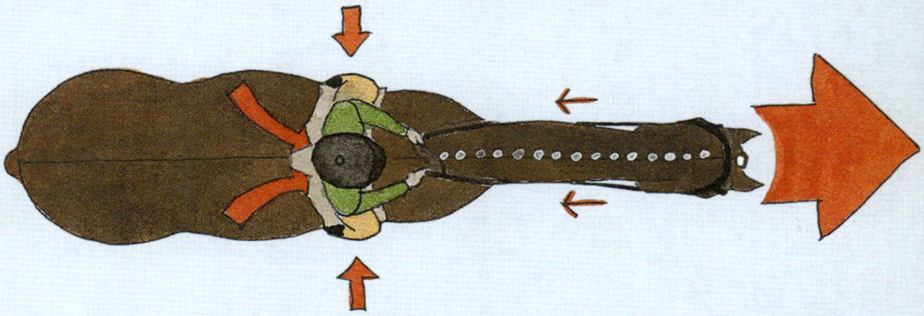

Le pas est une allure marchée à quatre temps.

Monter correctement aux trois allures

Le pas

Une fois en selle, vous devez vérifiez point par point votre position au niveau des ischions, des hanches jusqu'à la tête, des bras et des mains, et jusqu'au bout des orteils. Basculez le bassin en avant en grandissant votre dos – vous devez sentir la pression exercée sur les ischions. Les deux mollets doivent être actifs et positionnés contre la sangle tandis que les mains s'avancent légèrement. Tout cela, exécuté en même temps, agira comme un signal donné au cheval pour avancer – ce qui, avec un peu de chance, le fera avancer ! Le pas a quatre temps et doit être déterminé mais calme. Au pas, le cheval lèvera et baissera la tête légèrement à chaque pas, c'est pourquoi il est si important que le cavalier suive ses mouvements avec les mains, sans quoi le cheval heurtera le mors à chaque foulée.

Le trot

Pour trotter, renouvelez les aides employées pour passer de l'arrêt au pas. Le trot a deux temps. Dans un trot de travail, les foulées doivent être régulières, couvrir le sol avec amplitude. Des trois allures, le trot est la plus inconfortable car le dos du cheval se balance dans vers l'avant de bas en haut. Le dos du cavalier doit être synchrone avec

Le trot est une allure sautée à deux temps.

Le cavalier ne doit pas crisper les épaules, le dos ni le bassin, pour ne pas contrarier le mouvement du cheval.

Voici le mouvement du cheval obtenu par un cavalier au dos crispé.

Au trot, le cheval avance en un mouvement balançant vers l'avant.

ce mouvement balançant de manière à ne pas rebondir dans la selle mais au contraire à s'y fixer comme de la colle. Vous devez être assis sur des muscles fessiers détendus et naturellement dans la partie la plus profonde de la selle. Vous devez en fait ne faire qu'un avec votre monture. Seules les jambes doivent l'encourager à aller en avant, situées naturellement sur la sangle tout en exerçant une légère pression. Il est très facile pour le cavalier de se crisper – les épaules se relèvent alors, le menton ressort ou la tête est secouée en rythme.

Crisper le buste et cramponner le cheval des jambes est simplement aussi incorrect (et aussi nuisible) que des jambes trop molles (comme de la gélatine) ou que des jambes qui claquent les flancs du cheval en rythme. Il est donc évident que le cavalier doit pratiquer de nombreux exercices avant d'être capable de donner, au trot, des aides bien dirigées avec finesse. En dépit du mouvement important au trot, les mains doivent rester fixes et les épaules absorber les mouvements verticaux. Imaginez que vous tenez un verre d'eau dans chaque main : au trot vous ne devriez pas renverser une seule goutte. Cela n'est réalisable qu'avec des épaules et des poignets souples.

Le trot enlevé

Une fois que vous avez acquis une assiette stable, il est possible de faciliter la vie de votre cheval grâce au trot enlevé. Dans un premier temps, regardez les épaules de votre cheval et observez la manière dont elles vont d'avant en arrière. Puis, continuez en comptant en rythme – un-deux, un-deux, un-deux. Un correspond à l'épaule extérieure, deux à l'épaule intérieure. À deux, levez-vous au-dessus de vos genoux et à un, asseyez-vous sur votre selle. Mais ne retombez pas lourdement ! Les genoux doivent être plaqués fermement contre la selle et les jambes doivent rester fixes, le talon vers le bas.

Le buste doit rester droit (vous devez incliner le buste seulement dans la position en équilibre) et le bassin doit se pousser légèrement en avant quand vous vous rasseyez, tout en maintenant le mouvement en avant avec les deux jambes. Les mains ne doivent pas bouger et les épaules jouent le rôle d'absorbeur de mouvement, ce qui est plus difficile au trot enlevé car le cavalier, lui aussi, bouge de bas en haut. Si vous demandez à votre cheval de changer de main, eh bien vous aussi, cavalier, devez changer de main. Si par exemple vous changez de main dans la diagonale au trot enlevé (en passant de main gauche à main droite), passez sur la diagonale à main gauche et quand vous êtes à une longueur de cheval avant la piste du long côté, restez assis sur deux foulées avant de vous relever. Vous devez compter : 1-2, 1-2, 1-1, 1-2.

Vous devez maintenant être en train de trotter sur l'antérieur gauche (extérieur) et le postérieur droit (intérieur). Quand vous maîtriserez le trot enlevé, vous trouverez que c'est le meilleur moyen de monter sur de longues distances. Souvenez-vous de toujours changer de diagonale extérieure – même si vous vous déplacez sur une ligne droite.

Le mouvement en trot enlevé doit venir des genoux.

Ce cavalier se soulève en tirant sur les rênes. Il n'a pas l'air du tout d'accompagner le cheval !

Le galop est une allure à trois temps.

Le galop

Le galop est une allure à trois temps qui, en raison de sa rondeur et de son impulsion, est beaucoup plus confortable que le trot. Il est facile de compter les temps quand le galop est uni (élément à ne pas négliger) : un-deux-trois, un-deux-trois. Si vous comptez un-deueux-trois, un-deueux-trois, cela veut dire qu'il s'agit d'un galop non plus à trois mais à quatre temps. C'est une grosse faute et le seul moyen d'y remédier est d'avancer plus fort en avant. Vérifier que le contact est suffisant peut être également payant. On différencie le galop à droite de celui à gauche en observant quel antérieur, du droit ou du gauche, va le plus en avant. Si vous êtes à main gauche, vous devriez normalement galoper sur le pied gauche.

Pour les débutants (presque tous les cavaliers en herbe attendent leur premier galop), il est plus facile de galoper la première fois à partir du trot assis à main gauche. Sur le côté ouvert d'un cercle, baissez la rêne droite extérieure en cherchant un contact légèrement plus ferme et, dans le même temps, relâchez légèrement la rêne intérieure. Parfois, le simple fait d'ouvrir les doigts est suffisant. Au même moment, portez-vous sur l'ischion gauche en avant et vers le bas (aide latérale du poids du cavalier) et positionnez la jambe droite une largeur de main (pas plus !) en arrière de la sangle (jambe isolée), tandis que la jambe gauche à la sangle donne l'impulsion. À l'instant où le cheval rejoint de nouveau la piste, poussez-le à prendre le galop (la limite de la carrière empêche le cheval de se précipiter si les aides du cavalier ne sont pas encore parfaites). Ces aides doivent toutes être appliquées en même temps. L'épaule droite ne doit pas rester en arrière et la position décrite ci-dessus doit rester la même tout au long du galop.

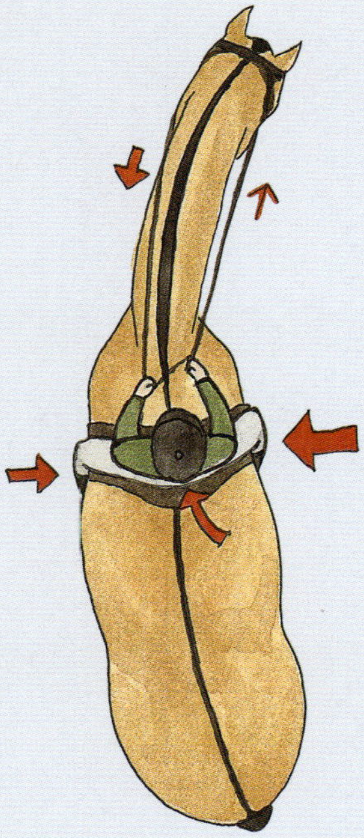

Toutes les aides doivent être appliquées simultanément. La pression la plus intense vient de la jambe intérieure. Pour le galop à gauche, on exécute l'inverse.

Au galop, le dos du cheval ondule comme un cheval à bascule et le cavalier doit équilibrer le mouvement des foulées entre les hanches et les épaules. Le buste doit rester droit et fixe, les jambes (une à la sangle et l'autre en arrière) sont en place et ne bougent pas d'avant en arrière. Si le cavalier s'incline en avant ou se penche pour vérifier qu'il est sur le bon pied, cela déséquilibrera le cheval puisque les aides de maintien du galop ne pourront plus être employées. Un simple coup d'œil à la jambe antérieure en question, pour vérifier qu'elle va bien en avant, est suffisant.

Si le cavalier veut effectuer une transition du pas au trot, les deux jambes doivent alors revenir à la sangle, et lui doit se tenir droit, chercher un contact ferme (mais sans tirer !) et recentrer son poids dans la selle. Ce faisant, la pression des mollets doit augmenter et le cavalier doit se projeter dans une allure à deux plutôt qu'à trois temps. Lors des premières minutes qui suivent la transition, serrer les genoux contre la selle peut aider à gérer les premières foulées au trot et éviter ainsi de rebondir sur le dos de cheval. Quoi que vous fassiez, ne vous mettez pas debout sur les étriers. Une fois que vous aurez appris à négocier ces premières foulées critiques, essayez de faire en sorte que ces premières foulées au trot soient aussi souples que la cinquième ou la sixième afin d'opérer une transition plus fluide.

La transition du trot au pas se fait exactement de la même manière que celle du galop au trot. Toutes ces transitions doivent être menées à bien après un demi-arrêt propre et exécutées aussi souvent que possible lors du dressage. Elles décontractent les chevaux et quand les aides sont appliquées correctement, elles encouragent le cheval à venir au contact et à être à l'écoute. Les transitions au sein d'une allure ou entre deux aident aussi le cavalier à développer son tact.

La flexion et l'incurvation

Afin que notre cheval n'aille pas dans les coins comme le ferait un bus, nous devons l'assouplir dans toute sa longueur. Cela commence avec la flexion latérale. Celle-ci est l'action du cheval qui fléchit la nuque d'un côté tandis que son encolure et son dos restent droits. La flexion est essentielle, par exemple, pour le galop, pour tourner sur les épaules, ou pour la cession à la jambe.

La flexion latérale se réalise en répartissant son poids sur les deux ischions et en relâchant la rêne extérieure autant qu'on résiste avec la rêne intérieure. Il ne faut pas perdre totalement le contact. Essayez cet exercice à l'arrêt – faites fléchir dou-

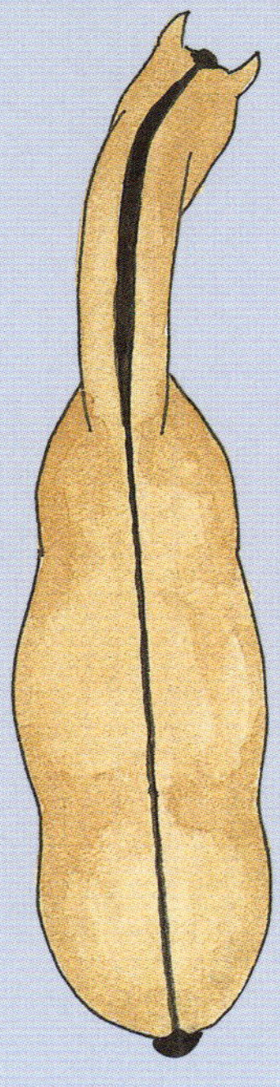

Le corps du cheval doit rester droit quand il fléchit latéralement la nuque.

cement le cheval à gauche puis à droite. Seule la tête doit bouger et seulement jusqu'à ce que vous puissiez voir l'arcade de l'œil intérieur et le contour du naseau. Vous devez voir aussi le bord supérieur de l'encolure basculer du côté où le cheval tourne la tête. Une fois que vous avez fait cela à l'arrêt, essayez au pas et au trot. La flexion sera incorrecte si on tire sur la rêne intérieure ou si on ne donne pas assez de rêne extérieure, ce qui se verra car le cheval s'encapuchonnera. Trop de flexion n'est pas bon non plus : le cheval s'affaissera sur l'épaule extérieure et son allure deviendra irrégulière. Si le poids du cavalier n'est pas bien réparti sur les ischions, il sera alors impossible pour le cheval d'engager sous lui la jambe postérieure intérieure.

Par « incurvation » nous entendons la position courbée de toute la longueur du cheval, et ce, de la nuque jusqu'à la queue, en passant par le dos. L'incurvation doit être légère pour tracer des cercles, et plus importante pour des voltes (cercles de 10 m ou moins). Plus le diamètre est petit (10, 8 ou 6 m), plus l'incurvation doit être importante ; l'exactitude de l'incurvation est essentielle pour beaucoup de mouvements.

L'incurvation naît d'un emploi correct des aides diagonales. Appuyez votre poids en avant et vers le bas sur l'ischion intérieur tout en encourageant le postérieur intérieur avec votre jambe intérieure située à la sangle. La jambe isolée extérieure positionnée une largeur de main en arrière de la sangle évite à l'arrière-main de s'échapper. La rêne intérieure place la tête vers l'intérieur et amène le cheval à incurver le rachis si nécessaire. En même temps, la rêne extérieure donne autant qu'il faut, suivant le positionnement et l'incurvation. La rêne extérieure régule l'incurvation et contrôle l'épaule extérieure. Si la rêne extérieure est défaillante ou si le cheval ne travaille pas celle-ci (cela arrive en général uniquement sur une rêne), alors son épaule s'échappera.

Pour tracer correctement des courbes, le cheval doit être droit. Il doit avoir appris à se déplacer sur des lignes droites et courbes avec les membres antérieurs et postérieurs qui se suivent comme sur des rails.

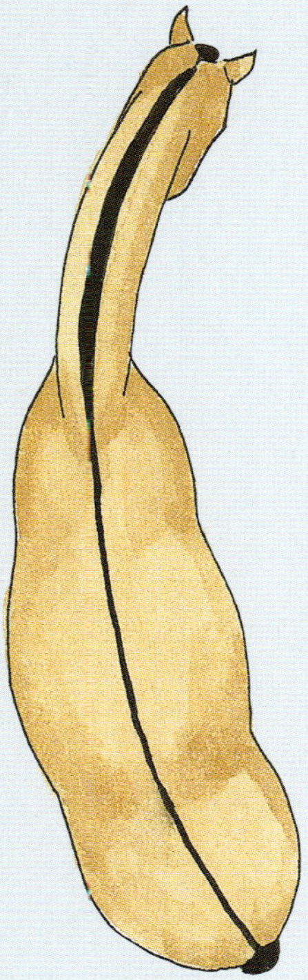

Incurvation du cheval sur toute sa longueur.

Passer les coins

Un cavalier débutant sera vite confronté aux coins, et passer correctement un coin n'est pas si facile. Un coin doit être abordé comme un quart de cercle de 10 m, bien qu'au début il soit quelque peu aplati. Le cheval doit toutefois avoir une incurvation correcte. Avant le coin, le cavalier effectue un ou deux demi-arrêts et positionne le cheval vers l'intérieur. Grâce aux aides diagonales, le cheval devrait être suffisamment incurvé dans le coin et retrouver sa rectitude une fois ce dernier passé. Comme vous pouvez l'imaginer, un cercle tracé correctement est un excellent exercice à la fois pour le cheval et pour le cavalier. Il demande concentration et élasticité au cheval et rigueur au cavalier.

Changer de main sur la diagonale

Après le coin, gardez le cheval positionné vers l'intérieur et au prochain marquage (au moment où le bout du nez du cheval atteint la lettre), dirigez le cheval sur la diagonale. La jambe intérieure et la rêne extérieure empêchent le cheval de tourner trop tôt. Une fois sur la diagonale, il doit se remettre droit et le cavalier doit regarder le point qu'il doit atteindre sur la piste, de manière à se déplacer sur une ligne droite. Un demi-arrêt doit être effectué avant le prochain coin.

Remarque

Il n'y pas d'incurvation sans flexion ! À l'inverse, on effectue souvent une flexion sans incurvation, par exemple pour un demi-tour sur les épaules ou une cession à la jambe.

Tracer un cercle

Sur un cercle, une incurvation légère mais régulière demandée une fois de plus par les aides diagonales est nécessaire. Un cavalier peut apprendre le degré d'action nécessaire de la jambe intérieure et de la main extérieure pour dessiner un cercle identique et régulier. Comme son nom l'indique, un cercle est circulaire. Il ne possède pas de coin et n'est pas ovale comme un œuf ! Trois

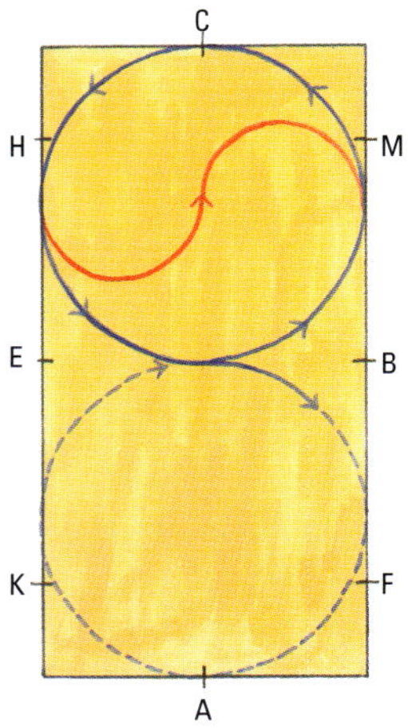

Tracer un cercle
Changement de main sur le cercle

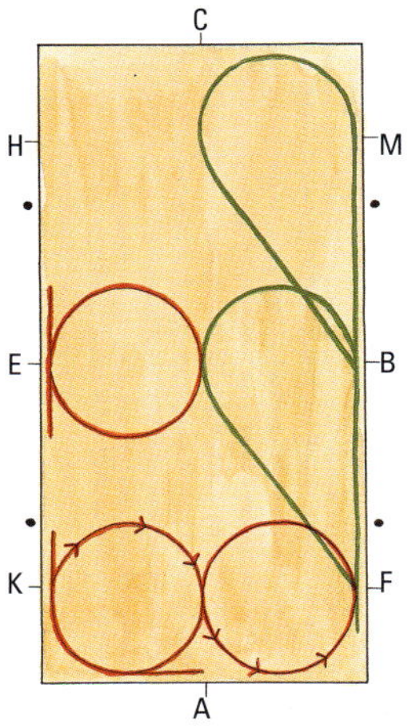

Voltes et huit de chiffre
Demi-voltes

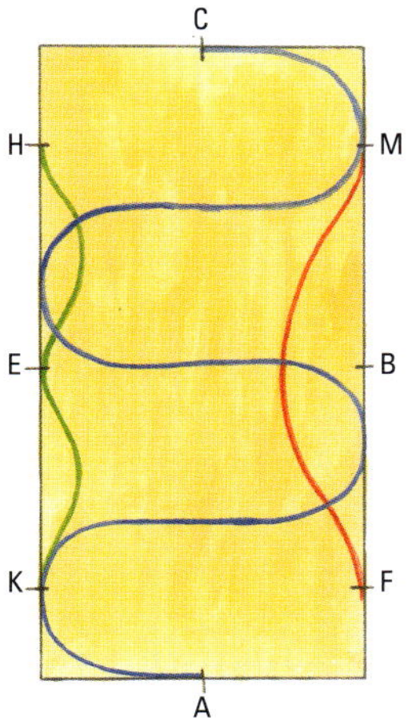

Serpentine à deux boucles
Serpentine à une boucle
Serpentine à trois boucles, chaque boucle passe sur un long côté

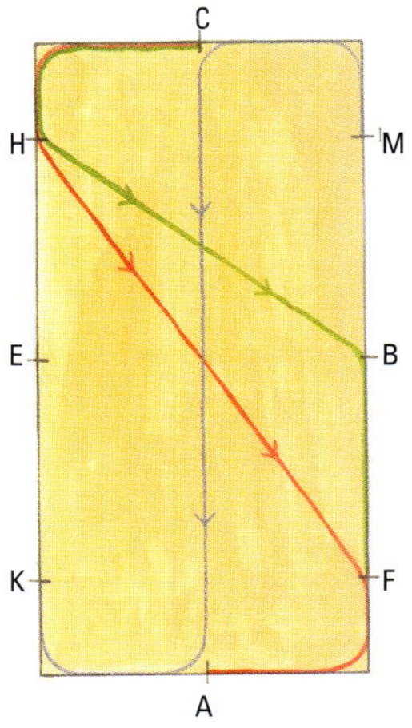

Changement de main sur la diagonale
Changement de main sur une petite diagonale
Doubler dans la longueur

Les figures de manège

points du cercle sont situés sur la piste, l'un d'eux est positionné sur un petit côté et correspond à la lettre A ou C. C'est seulement à ces points que le tracé du cercle touche la piste. Le quatrième point est le X imaginaire situé au centre du manège. Si vous avez des difficultés à tracer un cercle parfait, imaginez-le alors comme un carré dont les coins seraient les points situés sur le cercle. Si lors d'une épreuve de dressage il est demandé de faire un cercle en A, le tracé de celui-ci commence alors en A et ne passe donc pas le coin situé après cette lettre. Ainsi, le cercle rejoint de nouveau la piste sur point du cercle se trouvant après le coin. De même, s'il est demandé est de marcher droit en A, le coin situé après la lettre doit être bien passé.

Changer d'incurvation

Changer de main sur un cercle, grâce à des serpentines ou des huit de chiffre est un exercice qui demande des changements rapides d'incurvation. Avant de passer sur l'autre main, il faut préparer le cheval avec un demi-arrêt et le remettre droit sur toute sa longueur. Le cavalier doit changer sa propre position en restant assis pendant une foulée, en réajustant ses rênes (les juges aiment voir cela !) et en demandant clairement une nouvelle incurvation. Au début, prenez le temps qu'il faut, sans quoi le cheval pourrait tourner, ce qui serait bien sûr incorrect. Le changement d'incurvation doit se faire de façon souple et fluide.

Pour une volte, les aides doivent être employées de façon claire et précise.

Les voltes

Un important degré d'incurvation latérale est requis pour la volte. Les postérieurs doivent suivre exactement la piste des antérieurs. C'est la raison pour laquelle les cercles demandés dans les épreuves préliminaires et novices de dressage sont toujours relativement grands, 10 m de diamètre.

Avant d'atteindre le point où se trouve le départ de la volte, il faut attirer l'attention du cheval par un demi-arrêt afin qu'il se positionne dans la direction du mouvement. Au moment d'atteindre le marquage, effectuez un autre demi-arrêt et appliquez les aides diagonales – ce qui doit être fait avec une grande clarté. Si vous agissez trop sur la rêne intérieure, le cheval tournera ; si vous n'agissez pas assez sur la rêne extérieure il ne s'incurvera pas assez ; si votre jambe intérieure n'est pas assez active, vous perdrez le rythme et l'impulsion ; si la jambe extérieure ne joue pas assez son rôle de soutien, le cheval trouvera plus facile de laisser son arrière-main s'échapper. Dès le début du cercle, utilisez les deux jambes et les deux rênes pour amener le cheval sur la courbe du cercle et terminez ce dernier exactement où vous l'avez commencé. Tracer correctement un cercle n'est pas si simple ! Chaque volte requiert du soin et de la patience – pas à pas et foulée à foulée. Toute action précipitée ou brusque se verra immédiatement.

Les demi-voltes

Où que cette figure soit effectuée, la première moitié s'exécute toujours comme une volte. Au point le plus éloigné de la piste, le cheval doit se trouver droit pour évoluer sur une ligne oblique jusqu'à la piste. Les jambes et les ischions doivent être utilisés uniment le long de cette oblique. Il est essentiel de veiller à ce que le cheval reste sur une piste et ne dérive pas sur plus d'une piste comme ce serait le cas lors d'un travers ou d'une cession à la jambe.

Les serpentines

Les serpentines le long de la carrière comportent généralement trois ou quatre boucles au début de l'apprentissage, et jusqu'à cinq à un stade plus avancé. La serpentine commence et se termine au milieu d'un petit côté. Dans le cas d'une serpentine à trois boucles à main droite au départ de A, il faut tracer un demi-cercle de 10 m, passer en fait entièrement le coin avant de redresser légèrement le cheval, puis l'incurver vers l'intérieur en raccourcissant un peu les rênes, tracer un autre demi-cercle à l'autre main, jusqu'à atteindre la piste en B. Vient encore une nouvelle ligne droite jusqu'au prochain demi-cercle qui se terminera en C. Le coin à venir doit aussi être passé correctement. La qualité d'une serpentine dépend de la bonne volonté du cheval à changer d'incurvation et de sa rectitude entre les cercles tout comme de l'habileté du cavalier à le diriger.

Les serpentines sur le long côté sont un peu plus difficiles et peuvent être constituées de une ou deux boucles. Une boucle unique s'éloigne à 5 m de la piste (c.-à-d. un quart de la largeur du manège). Après avoir correctement passé le coin, le cheval est incurvé à l'intérieur et quitte la piste au marquage (c.-à-d. pas au point du cercle). Après environ deux longueurs de cheval, on change l'incurvation, ce qui fait que la jambe extérieure devient la jambe intérieure. Le point le plus éloigné de la piste est atteint sur la ligne E/B à 5 m de la piste. Ce point atteint, vous commencez à retourner sur la piste en changeant de nouveau d'incurvation à environ deux longueurs de cheval avant la piste et reprenez au niveau du marquage précédant le prochain coin de manière à passer correctement ce dernier.

Dans une serpentine à deux boucles, tout se passe plus vite. Le point le plus éloigné de la piste que le cheval atteint est à 2,50 m, et au milieu, le cheval retourne sur la piste en E ou B, donc les changements d'incurvation se font assez vite. Le cavalier doit être confiant dans l'emploi des aides, et capable de passer rapidement des aides diagonales aux aides simultanées sans oublier d'effectuer des demi-arrêts lors de l'exercice. Le cheval doit être détendu. Toute raideur, du cheval ou du cavalier, se verra aussitôt, ce qui fait de cet exercice un entraînement idéal pour l'indépendance de l'assiette et des mains souples, concernant le cavalier, et pour l'obéissance et la souplesse du cheval.

La cession à la jambe

La cession à la jambe est un exercice d'assouplissement qui aide à développer l'obéissance du cheval et le préparer aux aides latérales. Pour effectuer une cession à la jambe, la jambe intérieure du cavalier doit pousser le cheval vers la rêne extérieure. Le cheval se déplace sur deux pistes, en avant et sur le côté, en se pliant légèrement mais sans s'incurver, de manière à se déplacer autant en avant que sur le côté, les membres du côté intérieur chevauchant alors ceux du côté extérieur.

Le cheval plie toujours l'encolure du côté de la jambe active du cavalier, celle de l'impulsion. Le cavalier doit porter plus de poids sur l'ischion intérieur, avec la jambe intérieure placée à la sangle et dirigeant le cheval en avant et sur le côté

Remarque

Dans les virages, et particulièrement sur les cercles de 10 m, la rêne intérieure ne doit jamais dominer, sinon on risque de trop tendre la nuque du cheval, qui pourrait s'encapuchonner et rentrer dans le cercle. Sur les cercles, il est essentiel que les rênes ne soient jamais employées seules mais toujours accompagnées par les aides de l'assiette et des jambes.

Lors d'une cession à la jambe, les membres antérieurs et postérieurs se déplacent en avant et sur le côté, les membres du côté intérieur chevauchant ceux du côté extérieur.

L'angle ne doit pas être trop important. Lors d'une cession à la jambe, le cheval doit avancer.

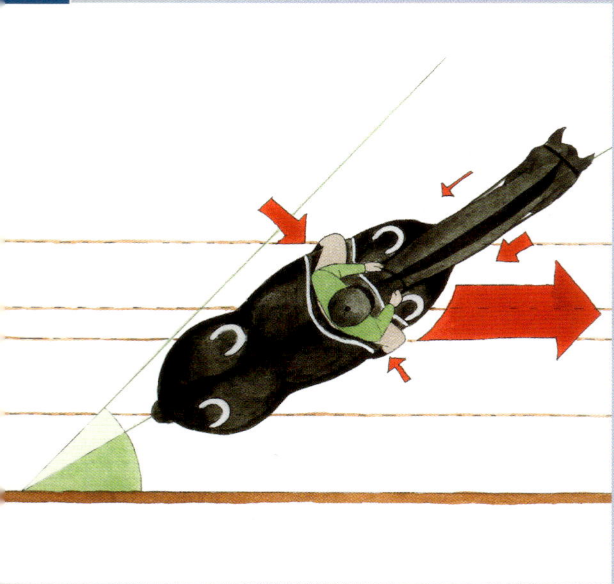

tandis que la jambe extérieure soutient juste derrière la sangle de manière que le cheval ne laisse pas échapper les postérieurs et maintienne son mouvement en avant. La rêne intérieure demande une légère flexion et la rêne extérieure régule cette flexion et empêche l'épaule de s'échapper.

Demi-tour sur les épaules

Le demi-tour sur les épaules est un exercice d'assouplissement, utilisé pour habituer le cheval aux aides latérales. Après avoir appliqué les aides de l'arrêt (dans un manège, cela devrait se dérouler sur une piste interne de manière qu'il y ait assez de place pour que la tête et l'encolure du cheval puissent tourner), le cheval doit être fléchi vers l'extérieur. Le cavalier doit porter son poids sur le (nouvel) ischion intérieur tout en utilisant la jambe en arrière de la sangle, et ainsi faire tourner le cheval pas à pas de sorte que l'arrière-main tourne autour de l'avant-main.

La rêne extérieure (qui était encore il y a un instant la rêne intérieure) veille à ce que le pli de l'encolure ne soit pas trop important. La jambe isolée de soutien veille à ce que l'arrière-main ne se déplace pas trop précipitamment. Le cheval se déplace donc dans la direction opposée à la jambe qui le pousse vers le côté, les membres postérieurs se croisent, le postérieur intérieur passant devant le postérieur extérieur tandis que l'antérieur extérieur pivote autour de l'intérieur.

Après avoir tourné à 180 degrés, le cheval doit être positionné à nouveau à l'arrêt. Pendant tout le mouvement, le cavalier doit veiller à ce que le cheval reste sur la main et ne se déplace jamais en avant (faute mineure) ni en arrière (faute majeure car cela montre que les mains ont agi vers l'arrière).

En utilisant latéralement les aides de l'assiette et des jambes, la cavalière demande à son cheval de tourner pas à pas autour de ses épaules. La jambe extérieure et la rêne intérieure aident pendant tout le mouvement.

Le reculer

Il est très important que vous puissiez effectuer un arrêt à partir du pas ou du trot sans que le cheval résiste aux mains, en reculant ou en bougeant la tête. Il doit rester dans un arrêt carré en répartissant son poids de manière égale sur ses quatre membres. Si ce n'est pas le cas et qu'il ne cède pas dans la nuque ou s'il reste courbé en baissant son arrière-main, il lui sera alors impossible d'accepter les aides sans résistance. Pour le reculer, le cheval doit déplacer ses membres diagonaux en arrière (comme une foulée au trot mais sans le temps de suspension). Il ne doit pas traîner les pieds dans le sable mais marcher nettement à reculons. Le cavalier emploie les mêmes aides que pour la mise en avant mais au moment où le cheval lève la jambe, le cavalier dégage légèrement son poids des ischions pour le placer au niveau des cuisses et des genoux. Le haut du corps ne doit cependant pas pencher en avant ! Les deux jambes doivent être contre les flancs du cheval de manière à l'empêcher de se déplacer sur un côté et le cavalier reprend un peu des rênes en serrant les doigts. Ces aides doivent toutes être employées en même temps de sorte que l'impulsion en avant se transforme en impulsion vers l'arrière. Au moment où le cheval recule, les doigts doivent se desserrer sans perdre toutefois le contact. Il faut procéder de la même manière pour les pas suivants – par conséquent, chaque pas est demandé individuellement.

Une fois que le nombre de pas demandé a été exécuté (en général trois ou quatre), les rênes doivent être relâchées et le cavalier demande un arrêt carré, laissant le cheval calmement à l'arrêt.

Quantité de problèmes peuvent survenir durant l'apprentissage du reculer, le plus souvent quand le cheval n'est pas arrêté correctement ou quand le cavalier tire sur les rênes sans donner au cheval l'impulsion en avant par l'assiette et les jambes. Le cavalier rentre alors le ventre et lève les talons de manière que son buste s'incline en avant.

Quand on autorise le cheval à allonger l'encolure, le cavalier doit entretenir le mouvement en avant de façon que le cheval ne retombe pas au trot ou au pas.

Le cheval recule de manière régulière et avec un contact léger.

Ici, ça ne se passe pas bien.

Aucune aide ne doit être appliquée de la sorte. Quand les deux jambes ne poussent pas assez ou inégalement, le reculer est alors raté. Des mains brusques ou qui ne cèdent jamais feront déplacer le cheval trop vite et lui feront bouger la tête. Si un cavalier est trop lourd à l'assiette, le cheval ne comprendra pas ce qu'on attend de lui.

Reprendre et relâcher les rênes est une action fluide et ne devrait pas durer plus de quelques secondes.

Laisser le cheval allonger l'encolure

L'extension d'encolure est une action qui peut être pratiquée à toutes les allures. Au début, il est recommandé de le faire au pas, plus tard au trot et enfin au galop quand cela semble non risqué. Le cavalier se déplace à une allure de travail normale, ouvre légèrement les doigts tandis que le cheval s'appuie sur la main en avant et vers le bas. L'allure ne doit pas être trop rapide et il faut veiller à garder l'équilibre. Le cheval doit allonger doucement l'encolure jusqu'à ce que sa tête soit à la hauteur des étriers tout en restant en avant de la ligne verticale du chanfrein. Les mains du cavalier doivent se déplacer vers la bouche du cheval tout en gardant un contact léger. Le cavalier doit continuer à entretenir le mouvement en avant car beaucoup de chevaux deviennent paresseux sur cet exercice. Il est préférable d'effectuer cet entraînement souvent mais sur des périodes courtes. Si le cheval va trop loin dans l'extension, le risque est qu'il vienne trop sur l'avant-main.

Reprendre et relâcher les rênes

Cet exercice permet de constater l'aisance du cheval à se porter lui-même et montre s'il se passe, en toute sécurité, des aides de l'assiette et des jambes du cavalier. Le cavalier tend les deux mains en avant le long de l'encolure sur deux ou trois foulées. Puis les mains reviennent dans leur position initiale. Cet exercice peut lui aussi être fait à toutes les allures.

Dans la position en équilibre, on doit pouvoir tracer une verticale passant par l'épaule, le genou et la pointe de pied.

La position en équilibre

À cheval, on utilise la position en équilibre dans de nombreuses situations. C'est pour cette raison que cette position connaît plusieurs variantes, suivant qu'on l'utilise à l'obstacle, en course, en cross. Dans cette position, le cavalier allège son assiette en retirant le poids de son siège du dos du cheval, et s'adapte au mouvement du cheval qui est en général plus brusque que lors du travail sur le plat. La position en équilibre s'effectue souvent sur une selle mixte ou sur une selle d'obstacle. Grâce à leur coupe en effet (quartiers coupés court et en avant et siège plus long et plus plat), il est plus facile de se mettre correctement en équilibre. Si on compare à la position en dressage, les étriers sont nettement plus courts : ils sont montés de deux trous pour les jeunes chevaux et pour les sorties en extérieur, et de quatre ou cinq trous pour le saut d'obstacles ou le cross – le nombre de trous variant suivant la taille du cavalier et de ses jambes.

Il est beaucoup plus facile pour le cavalier de suivre les mouvements du cheval dans la position en équilibre. Quand son centre de gravité se déplace, par exemple sur un obstacle ou au passage d'une butte, et quand la vitesse du galop s'accroît, le cavalier est capable de s'équilibrer avec le haut du corps et de mieux répartir son poids. Les transitions d'une position à l'autre doivent être fluides. Les genoux, les mollets, les chevilles et les pieds dans l'étrier – c'est-à-dire le pilier –, restent toujours tels quels.

Dans la position en équilibre, le buste est incliné en avant à partir des hanches, le degré du pli variant suivant la nécessité. Quand la nécessité est moindre, les fesses sont plus proches de la selle, tandis qu'à grande vitesse ou à l'obstacle, elles s'en éloignent plus. De plus, le cavalier doit toujours maintenir le milieu de son corps assez souple et sa colonne vertébrale doit toujours rester dans une position naturelle.

Remarque

Tout comme dans la position en dressage, un buste raide ou instable avec des épaules crispées, un dos rond ou cambré dans la position en équilibre sont incorrects et interféreront tout autant avec le cheval.

Les genoux doivent être contre la selle et pliés à angle aigu en raison de la petite longueur des étriers. Les genoux sont les points essentiels pour monter dans la position en équilibre. S'il n'y plus de contact entre le genou et la selle, tout deviendra plus compliqué pour le cavalier. La jambe est en contact avec le mollet placé à la sangle et ainsi au contact du cheval – sans quoi le contact avec le genou serait impossible.

Les jambes (et non les éperons) sont les aides principales pour la mise en avant, étant donné que l'aide de l'assiette ne peut plus être utilisée. Si les jambes glissent en arrière ou commencent à se balancer d'avant en arrière, le cavalier perdra son équilibre. Les pieds sont légèrement plus rentrés dans l'étrier avec des chevilles souples, de sorte que les talons deviennent les points les plus bas du cavalier. Les genoux, les jambes, les chevilles et les pieds constituent le pilier. Le pilier doit toujours être inébranlable afin qu'on puisse s'y fier. Dans la position en équilibre, l'épaule, le genou et le talon forment une verticale avec la tête placée en avant de cette ligne, tandis qu'à grande vitesse les hanches, qui sont positionnées plus en arrière, agissent comme une sorte de balancier, fonctionnant avec les jambes pour accroître l'impulsion en avant.

Votre port de tête doit être naturel et, tout comme dans la position en dressage, vous devez regarder droit devant au-delà des oreilles du cheval. Quand vous exécutez un parcours d'obstacles, vous devez regarder les obstacles puis regarder dans la direction où vous devez aller en tournant les épaules de manière que celles-ci soient toujours parallèles à celles du cheval. Avec des épaules détendues, les bras doivent être pliés en avant et les rênes raccourcies de façon que l'avant-bras et la rêne forment une ligne droite. Les mains se situent de part et d'autre de l'encolure du cheval sur presque la même ligne que celle du garrot. Les aides des jambes et des mains sont aussi employées indépendamment du mouvement du buste du cavalier.

L'emploi des aides dans la position en équilibre est en principe le même que dans la position en dressage. L'aide de l'assiette se fait par les genoux et les jambes, étant donné que l'assiette même se trouve au-dessus de la selle. Pour accélérer le rythme et allonger les foulées de galop, on utilise les jambes (sans changer la position du haut du corps) afin que l'impulsion augmente à partir de l'arrière-main. Les virages sont effectués en exerçant plus ou moins de pression avec les jambes. Il est important de veiller à ce que la rêne extérieure domine et qu'elle soit encouragée par la jambe isolée extérieure. Cela permet d'éviter que le cheval ne s'affaisse sur son épaule extérieure.

Remarque

Les aides des mains doivent être utilisées indépendamment de l'assiette dans la position en équilibre.

Les épaules, les coudes et les poignets doivent rester souples, sans quoi le mouvement du corps du cavalier sera transmis par la main au cheval. Le cheval doit être bien évidemment sur la main dans la position en équilibre, mais pas dans la même position qu'en dressage puisque, à grande vitesse et sur un sol dénivelé, le cheval a besoin de son encolure pour s'équilibrer.

En extérieur

En extérieur, vous devez raccourcir vos étriers d'au moins deux trous. Pour soulager le dos de votre cheval sur de longues distances, vous devez toujours trotter au trot enlevé et galoper dans la position en équilibre. Le rythme sera plus rapide, c'est pourquoi ce sera plus fatigant pour le cheval et le cavalier si ce dernier reste assis dans sa selle sur des distances plus importantes. Le cavalier doit toujours être attentif à la direction qu'il indique à son cheval, et ce même sur des sentiers familiers ou sur des chaumes maintes fois piétinés mais sur lesquels un lapin a peut-être creusé un trou la veille. Il est aussi important de toujours avoir un contact avec la bouche du cheval afin de pouvoir réagir aussitôt en cas de menace ou de danger.

Remarque

Les aides doivent pouvoir servir à tout moment – spécialement en extérieur. Vous êtes responsable de votre cheval – et de la sécurité des personnes qui vous entoure. Il est irresponsable d'agir inconsciemment ou de galoper à tout va dans la nature !

Monter et descendre les pentes

La position en équilibre doit toujours être employée pour monter et descendre les pentes. Plus la montée est aiguë, plus le cavalier doit se dégager de sa selle et se pencher en avant. Dans tous les cas, le cheval doit être droit pour ne pas perdre son équilibre. Les deux jambes doivent être au contact du cheval pour l'encourager et le maintenir droit. Les rênes doivent être raccourcies en avançant les mains. En cas de pente raide, il est conseillé de « construire un pont » de rênes. Pour cela, prenez dans la main gauche une section de rêne de 10 cm située au-dessus de la prise de la main droite, de manière à avoir une section de rêne doublée entre les deux mains. Le pont peut rester devant le garrot et permet garder les mains fixes. C'est important pour l'équilibre du cheval et celui du cavalier.

Remarque

Les pentes raides doivent toujours être prises au pas.

Quand le cheval descend une pente, il se rassemble : sa tête est proche de la verticale et l'arrière-main avance sous le centre de gravité. Pour monter une colline, le cheval s'allonge : sa tête s'avance et l'arrière-main donne l'impulsion.

Le cheval se rassemble et ses postérieurs viennent sous le centre de gravité. Le cavalier met son poids vers l'arrière.

Ici, le cheval s'allonge et pousse avec son arrière-main. Le cavalier déplace son centre de gravité en avant.

Gérer les obstacles en extérieur

Il n'y a pas que les barres et les chandeliers qui constituent des obstacles, les pierres ou les branches aussi. Un fossé, une flaque ou une grosses pierre grise au bord du chemin peuvent tous dans certaines circonstances mettrent fin à ce qui aurait dû être une promenade agréable. Quelle que soit la situation, il est vital que le cavalier garde son calme.

Si le cavalier voit un obstacle avant son cheval, il a alors l'avantage, peut employer les aides de l'assiette et des jambes et reprendre ses rênes afin d'avoir un bon contact. La voix peut aussi être utilisée pour passer calmement et fermement, quel que soit le « monstre » qui vous attend. Étant donné qu'un cheval peut faire un écart au dernier moment, le contact des genoux avec la monture est vital. Une fois l'obstacle passé, le cheval doit être félicité chaudement. Si un cheval s'arrête devant une rivière ou une flaque, donnez-lui le temps nécessaire pour qu'il le regarde. L'assiette et les jambes doivent être employées, afin d'éviter tout écart ou demi-tour rapide. Même si cela doit se faire pas à pas, il est obligé d'avancer !

C'est beaucoup plus difficile si le cavalier est pris par surprise. Pas de rêveries pendant les promenades ; hurler ou pousser un cri d'avertissement est aussi néfaste ! La peur du cheval sera amplifiée et risque de fuir d'instinct. Le cavalier doit rester maître de lui-même pour convaincre son cheval que tout va bien et que « Où que j'aille, tu y vas aussi ». Si un cheval est effrayé par un sac en plastique dans une haie ou veut rester près de ses camarades à la barrière du paddock, vous devez alors le tourner dans la direction opposée et le faire avancer avec votre jambe intérieure (c.-à-d. la jambe située entre le cheval et l'objet), et passer énergiquement le point dangereux. Vous devez utiliser votre voix pour calmer et féliciter.

Restez calme et employez les bonnes aides.

Derniers commentaires

Maintenant que vous savez comment utiliser les aides, elles ne devraient plus être nécessairement perçues comme un « mode d'emploi du cheval ». Malheureusement les chevaux ne fonctionnent pas comme des voitures : embrayer, enclencher une vitesse et accélérer. Les aides du cavalier s'utilisent normalement toutes ensembles et simultanément avec chacune un degré d'intensité différent. Et chaque cheval réagit à sa façon. C'est cela qui rend l'apprentissage de l'équitation si stimulant. Ceux qui ont une bonne assiette apprendront vite et facilement à employer les aides conjointement. Si vous connaissez votre cheval, le comprenez et l'aimez en tant que cheval, vous pouvez développer ce tact et ne jamais risquer d'entrer en conflit avec lui. Si quelque chose ne va pas, un cavalier doit toujours se remettre en question avant de s'en prendre à son cheval. Un cavalier a besoin d'une grande maîtrise de soi (et pas seulement la maîtrise de son corps) et de patience afin d'être en harmonie avec son cheval quoi qu'il arrive. Les cavaliers ne cessent jamais d'apprendre !